3150

L'ART D'ELEVER UN PRINCE,

DEDIE'

A MONSEIGNEUR

LE DUC

DE BOURGOGNE.

A PARIS,

Chez la Veuve de Claude Thiboust,
ET
Pierre Esclassan, Libraire Juré & ordinaire de l'Université, ruë S. Jean de Latran, vis-à-vis le College Royal.

M. DC. LXXXVIII.
AVEC PRIVILEGE DV ROY.

A
MONSEIGNEUR
LE DUC
DE BOURGOGNE.

ONSEIGNEVR,

Comme vostre âge vous permettra bien-tost d'avoir commerce avec

ã ij

EPISTRE.

les Auteurs, vous les verrés dans peu de temps venir vers vous tous en foule pour se jetter à vos pieds, & vous faire hommage des plus belles productions de leur esprit. Ce beau feu qu'ils verront briller dans vos yeux les animera à bien écrire; & le desir qu'ils auront de plaire à un Prince si rempli des dons du Ciel, leur tiendra lieu de génie, les soutenant

EPISTRE.

dans toutes les fatigues d'une longue composition, & leur inspirant des sentimens dignes de celuy dont ils tâcheront de meriter l'estime. Vous pouvez déja, MONSEIGNEUR, vous regarder comme la seule Divinité, que tous nos Ecrivains François vont invoquer dans leurs Ouvrages. De l'humeur dont je les connois, ils ne voudront d'autre Apollon que vous,

EPISTRE.

ni d'autres lauriers que ceux que vôtre main leur présentera. J'avoüe de bonne foy, MONSEIGNEUR, que je vous dois tout ce qu'il y a de bon, dans cet Art d'élever un Prince, que je consacre à vos premieres années ; C'est sur ce que vous serez un jour, que j'ay tâché de dire ce que doit être un grand Prince. Mais quelque grande que soit l'idée que j'en ay

EPISTRE.

tracée, vous la surpasserez ; & je n'ay garde de me flater d'y avoir renfermé toutes les belles qualitez que vous ramasserez en vôtre personne. Ceux qui doivent avoir l'honneur de vous instruire, MONSEIGNEUR, auront cet avantage de pouvoir exposer à vos yeux, ce qu'ils auront montré à vôtre Esprit. Aprés avoir fait tous leurs ef-

EPISTRE.

forts pour vous donner l'idée d'un grand Prince, la plus parfaite qu'il se puisse ; jettez les yeux, MONSEIGNEUR, vous diront-ils, sur vôtre grand Pere, vous verrez en luy quelque chose de plus grand, que tout ce que vous avés peu vous imaginer. Le Livre favori, MONSEIGNEUR, que vous devez étudier avec toute sorte d'application, doit être la personne du Roy ;

EPISTRE.

Roy; Ce n'eſt pas l'étude de quelques mois, mais de pluſieurs années; plus on étudie un Heros auſſi grand que luy, plus on trouve à y étudier, & on n'y découvre jamais tant de perfections, qu'il n'en reſte beaucoup à découvrir. Il eſt vray, MONSEIGNEUR, que ſans l'exemple de vôtre illuſtre Pere, vous auriez raiſon de douter, s'il peut y avoir de copie d'un Ori-

EPISTRE.

ginal aussi parfait ; mais trouvant en luy un digne Fils de LOUIS LE GRAND, & un Imitateur fidele de ce glorieux Monarque, vous jugerez aisément, que ce qui est impossible à tous les autres hommes, ne l'est pas, ny à vous ny à luy. L'incomparable Princesse qui fait les délices de la France, & l'admiration de l'Europe, par la grandeur de son

EPISTRE.

ame, par la pénétration, & la solidité de son Esprit, par la finesse de son discernement, par la sagesse de sa conduite, & par les charmes de sa conversation, pourra encore occuper tres-utilement une bonne partie de vos heures; vous apprendrez en la voyant le vray caractere de toutes les Vertus Chrétiennes, & sa présence sera pour vous une leçon continuelle de vertu,

EPISTRE.

beaucoup plus efficace, que toutes les instructions qui vous viendrõt d'ailleurs. Ainsi, MONSEIGNEUR, vos yeux auront plus de part à vôtre Education que tous vos Maîtres. Mais tandis que vous profiterez, & de ce que vous verrez, & de ce que vous entendrez, je ne cesseray de faire des vœux au Ciel pour vôtre conservation.

L'ART

L'ART D'ELEVER UN PRINCE,

PREMIERE PARTIE.

QVI COMPREND tout ce qui est necessaire pour luy former l'Esprit.

IL n'est rien de plus grand que l'Education d'un Prince. Ceux à qui la Providence confie cét auguste employ, rendent plus de service au monde, que ces intelligences superieures, qui donnent le mouvement au premier mobile, dont la mesure est la régle de toutes choses ; puis qu'en s'occupant à former l'Esprit & le Cœur du Prince ils travaillent en mêmetemps, & à la félicité des Peuples, & à la gloire de celuy qui fait regner les Souverains. L'Etat leur est redevable, du Vice puni, de la Vertu recompensée, des Loix maintenuës, des Provinces soumises, des Batailles gagnées; car on peut dire, sans les flatter, qu'ils jettent toutes les semences des Lauriers, qu'une main conquérante recüillira un jour. Mais s'il est infiniment glorieux de travailler à l'Education d'un Prince, il est extrémement difficile d'y réüssir. Peu de gens sont capables de remplir ce poste, un Esprit ordinaire ne suffit pas; & si Dieu a jugé a propos, de donner aux Princes pour leur garde, des Anges du premier ordre, n'est-il pas juste qu'ils ayent auprés d'eux pour les instruire des Génies du premier rang. Les sentimens qu'on doit leur inspirer, & qui doivent être proportionez à leur condition, ne tombent pas dans les Ames vulgaires. Ce qui est grand dans le cœur d'un Particulier, cesse bien souvent de l'être dans celuy d'un Souverain ; & les lumieres qui suffisent pour conduire les autres, sont trop foibles pour l'éclairer.

II.

Il est donc necessaire que celuy qui prétend réüssir dans l'Education d'un Prince, s'éleve au dessus de luy-même; & que se dépouillant de l'homme particulier, il se revête en quelque façon du caractere de la Souveraineté, pour ne penser & ne parler qu'en Souverain. Il faut que par la force de son génie il se mette autant au dessus de son Eleve, que son Eleve est au dessus de luy, par le droit de sa naissance. Vous m'avoüerez qu'il n'est pas permis à tout le monde d'arriver à ce point de sublimité & d'élevation; & que si la Nature ne nous y a déja conduits, ou du moins si elle ne nous a fait faire une grande partie du chemin, l'Art quelque ingénieux qu'il soit, ne sçauroit en venir à bout.

III.

Le Ciel, il est vray, prend soin de mettre dans ces Ames destinées à être les maîtresses du monde, je ne sçay quelles semences de vertu, qui ne se trouvent pas dans le commun des hommes. Elles sortent pour ainsi dire, en meilleur état des mains de leur Créateur; & comme elles sont sans contredit les plus parfaites, copies de ce divin Original, elles ont aussi certains traits particulers, qui les distinguent. Mais ces traits, si l'on n'y prend garde, sont bientôt effacez, & ces semences étouffées, par l'orgüeil, par la molesse, & par la flatterie, défauts presque inséparables de la personne des

Princes ; de maniere que par un sort digne de compassion, leur état qui les fait naître dans la grandeur, ne sert bien souvent qu'à les faire vivre, & mourir dans le vice. Or quelle addresse & quelle superiorité de génie ne faut il pas, pour inspirer de la fierté à un jeune Prince, sans que le poison secret de l'orgüeil s'y mêle, pour le conserver au milieu des plaisirs, sans que son cœur s'amolisse, & pour l'empescher de tomber dans les piéges, qu'une foule de flateurs sous prétexte de faire leur cour, luy rendent sans cesse.

IV.

Mais de tous les obstacles à l'Education dont nous parlons, le plus considérable à mon sens, est cét Esprit de

Souveraineté & d'indépendance qui paroît dans les Princes, dés qu'ils commencent à se sentir : Accoûtumez qu'ils sont dés le berçeau, à voir tout le monde à leurs pieds, ils ne peuvent s'imaginer que ceux qu'ils regardent comme leurs Esclaves, puissent être leurs maîtres. De la vient que le joug de l'instruction leur paroît insuportable, qu'il leur fache d'obeïr à ceux à qui ils ont droit de commander, & de recevoir des leçons de ceux-là même à qui ils font la loy. Cependant c'est à celuy, qui doit répondre au Public de leur bonne, ou mauvaise éducation, à trouver le secret de leur rendre ce joug agréable, à faire une heureuse alliance de la qualité de Sujet avec celle de Maître, & à se tenir toûjours dans le respect qu'il leur doit, sans rien perdre de l'autorité dont il a besoin. Ce point est dautant plus difficile, que les préceptes n'y peuvent rien ; & que tout dépend d'un je ne sçay quoy, que tres peu de gens ont reçû de la nature.

V.

Il y a deux choses principalement à former dans un Prince, l'Esprit & le Cœur. On doit luy former l'Esprit par l'étude des Sciences propres de son état, & on doit luy former le Cœur par les nobles sentimens qu'il faudra luy inspirer. Pour cét effet vous commencerez par luy donner une idée de chaque chose, la plus vraye & la plus juste qu'il se pourra; afin qu'agissant selon cette idée, il ne vienne pas, ou à se tromper dans ses jugemens, ou à s'égarer dans ses poursuites. Je vois bien que vous aurez dabord à combattre une foule de faux préjugez, dont l'Esprit d'un jeune Prince est ordinairement embarrassé : soit que cela vienne, partie de la foiblesse de son âge, partie de la nature même de sa condition. Mais ne vous rebutez

rebutez pas, la lumiere de la vérité, si vous la sçavez mettre dans tout son jour, l'emportera sur la force des préjugez.

VI.

Les Princes ne devroient rien ignorer; quand ce ne seroit, que pour avoir le plaisir d'être en tout sens au dessus des autres. Cependant, comme s'ils n'étoient

B.

pas faits pour les sciences, ils ont un certain dégout pour tout ce qui sent l'érudition, qui semble leur être naturel; de sorte que l'étude ne pouvant avoir pour eux les mêmes attraits qu'il a pour les autres, ce dégout devient en eux presque insurmontable. La plufpart des gens n'embraſſent l'étude avec ardeur, que parce qu'ils la regardent comme un moyen tres-propre à se tirer de la foule, ou en se faisant une belle réputation, ou en se procurant une meilleure fortune : Les Princes n'ont point de plus haute fortune à espérer, que celle dont ils jouïssent, & sans être sçavans, ils ne laissent pas d'être honorez. Ce n'est pas qu'on ne puisse, & qu'on ne doive même par toute sorte d'artifices, leur rendre l'étude agréable & la leur faire gouter; d'autant que l'étude qu'on fait sans gout, est pour l'ordinaire aussi inutile, qu'elle est ennuyeuse.

VII.

Ce qu'il y a de plus rebutant dans l'étude des Sciences sont les premiers Elémens. Il feroit à souhaiter qu'on peut épargner aux Princes la peine de passer par un chemin si étroit & si difficile; mais c'est une loy également faite pour tous, que pour arriver aux grandes choses, il faut commencer par les petites: tout ce qu'on peut faire en leur faveur, est de semer quelques fleurs sur leurs pas, afin que le chemin leur paroisse moins rude. On ne sçauroit s'imaginer combien c'est une chose fâcheuse à un cœur fait pour regner, de descendre & de s'abaisser jusqu'à des minuties : & c'est pour cela sans doute qu'on a remarqué de tout tems, que les plus grands Esprits sont ceux, qui ont le plus de peine à dévorer ces premiers commencemens. Ne vous rebutez donc pas, quelque horreur que le jeune Prince témoigne avoir pour toutes ces choses : cette grande aversion est souvent la marque d'une grande Ame.

VIII.

Vous mettrez pourtant tout en œuvre pour la vaincre, persuadé que cette espéce de victoire dépend uniquement de vôtre industrie. Gardez vous de géner tant soit peu l'esprit du

Prince, par une maniere de luy expliquer les choses trop séche & trop tenduë ; la géne en matiere d'étude ne sert qu'à étourdir l'esprit, ou à le révolter. Affectez de ne jamais luy rien proposer, ou il ne puisse entrer dabord sans beaucoup de peine ; autrement la trop grande résistance qu'il trouveroit, seroit capable de le mettre de mauvaise humeur,

meur, ce qu'on ne sçauroit éviter avec trop de soin, toute mauvaise humeur étant ennemie de l'étude. Accommodez-vous à sa portée. Trouvez le secret de l'appliquer, sans qu'il s'en apperçoive ; & faites en sorte qu'il étudie, lors même qu'il croit faire tout autre chose. Ainsi l'étude luy paroîtra un divertissement, & il se fera un jeu de son application. Ce point est un des plus importans, & des plus difficiles à executer : de fort habiles gens n'y viendront jamais. Il est de certains génies, qui ne peuvent se défaire de leur grandeur ; je veux dire, qui ne sçauroient ajuster & proportioner leurs idées, à la foiblesse de ceux qu'ils ont à instruire. Tel paroîtroit avec honneur à la teste d'un Concile, & developeroit avec éloquence, les plus profonds myſtéres de nôtre Religion; qui ſe trouve bien embarraſſé, quand il s'agit d'expliquer un principe de Grammaire. Ces ſortes de gens doivent renoncer de bonne heure, au métier de l'éducation. Mais il y a des génies d'une autre eſpéce, qui quelque grands qu'ils ſoient, deviennent petits

C ij

quand ils veulent ; & qui sçavent, si l'on peut parler de la sorte, voler également, & dans la plus haute région de l'air, & dans la plus basse.

IX.

Il est temps, que nous en venions au détail, & que nous examinions de plus prés, tout ce qu'il faut régulierement observer, pour ne pas s'égarer dans la conduite d'un jeune Prince.

Si jamais le Ciel vous met entre les mains, un employ de cette importance; la premiere chose que je vous recommande, est d'étudier incessamment vôtre Prince. Un Prince est toûjours un beau livre, & la plus belle de toutes les études est de s'appliquer à le connoître. Il vous en coutera à la vérité. Comme il se voit établi de Dieu pour gouverner les autres, & que l'art de dissimuler, est une des principales parties de celuy de regner; il sçaura se cacher & se dérober à vos yeux. Prenez donc garde, qu'il ne vous devienne impénétrable, & qu'il ne soit un Enigme à vôtre égard. Suivez-le pas à pas. Soyez attentif aux moindres choses. Que rien ne vous échape. En un Prince tout est de présage. Le plus sûr moyen seroit, de devenir le dépositaire de son cœur; mais il est bien difficile, que la qualité de Maître dont il vous verra revêtu, luy permette jamais de reconnoître en vous, celle de son confident.

X.

Il ne sera pas mauvais de se connoître un peu

en physionomie, afin de pouvoir plus sûrement démeler le tempérament du Prince. Cette connoissance doit être la régle, de toute la conduite que vous tiendrez à son égard : elle doit vous montrer de quel biais vous devez le prendre, pour l'engager insensiblement à vous suivre dans les routes, que vous avez dessein de luy marquer. Il y a toûjours dans le tempérament, de quelque maniere qu'il soit bâti, quelque bon côté, par ou on est prenable ; c'est cét endroit qu'il faut tacher de reconnoître : si vous l'avez une fois reconnu, la place est prise, & vous pouvez vous flatter d'être le maistre absolu de son esprit. Que si au contraire vous négligiés de prendre toutes ses précautions ; vous auriez bientôt le chagrin de voir, que vos soins sont inutiles, & que tout vôtre travail n'aboutit qu'à donner de la peine & à en recevoir. Quand il est question de morale, il est bon d'aller & de se roidir contre le tempérament ; mais en matiere d'étude, c'est sagesse, que de s'y accommoder & de le suivre.

XI.

Je n'ay garde de blamer les différentes Méthodes dont on se sert, pour apprendre à la jeunesse les principes de la Langue Latine : L'experience fait assez voir, si elles sont bonnes ou mauvaises. Mais ce que je ne sçaurois ny dissimuler ny approuver, c'est qu'il arrive ordinairement, que sous prétexte de vouloir abreger aux Princes le chemin de la Grammaire, on le leur rend plus long & plus incommode : c'eſt un écüeil qu'on n'évite preſque jamais. On fatigue trop leur eſprit, on ne menage pas aſſez leur mémoire, on l'accable. Un Maiſtre s'imagine, que le jeune Prince profite beaucoup, parce que tous les jours il a ſoin de luy faire entrer dans la teſte cent mots differents ; & que le Prince dont le cerveau eſt encore tendre, les retient aſſez fidelement : là-deſſus le Maiſtre ſe repoſe & s'applaudit, juſqu'à ce que le temps luy ouvre les yeux. Car voicy ce qui ne manque gueres d'arriver. Tandis que le Prince eſt jeune, il paroit fort ſçavant, mais à meſure qu'il croît, ſon sçavoir diminuë; & l'âge détruit en luy, ce qu'il devroit y perfectionner. Je ne m'en étonne pas; toutes les espéces des mots dont on luy avoit chargé la teste, & qui n'y étoient imprimées que tres-superficielement, s'évanouïssent bientôt, & il n'en reste presque plus aucune trace. Alors le pauvre Prince revenu comme d'un songe, réflechissant sur luz-même, & le voyant aussi peu avancé que le premier jour, conçoit un chagrin secret qui le devore, & ne regarde plus le temps qu'il employe à l'étude, que comme un temps perdu.

XII.

L'Esprit de l'homme a ses âges & ses accroissemens, aussi bien que le corps. Un esprit qui croît tout à coup ne va pas fort loin. Defiez-vous toûjours d'un fruit meur avant la saison. Tout consiste à faire croître l'esprit peu à peu & comme par degrés, & à le conduire insensiblement au plus haut point de perfection, où il puisse monter : c'est ce que j'appelle, heureusement cultiver un esprit, & le faire valoir autant qu'il se peut. Vous voyez bien que pour en en venir là, il ne faut pas se hâter. La précipitation gâteroit tout. Ce qui dans un an serviroit à reveiller & à éguiser la pointe de l'esprit, ne feroit maintenant que l'émousser & l'éteindre. Tant il importe, de sçavoir prendre son tems; & reconnoître au vray, dequoy l'esprit est capable en chaque âge. N'allez donc pas vous piquer de ce faux point d'honneur, dont la plûspart des Maiſtres s'entêtent; de vouloir qu'un enfant paroiſſe un oracle, & que tout le monde l'admire comme un prodige. Ce que vous devez craindre, eſt qu'on ne diſe, que le Prince en ſçait trop pour ſon âge.

XIII.

Ce n'eſt pas que je ſois d'avis, de tenir fort

long-temps le jeune Prince attaché à la Grammaire; je sçay que c'est un païs ingrat, d'où il est bon de le tirer le plus viste qu'il se pourra, de peur qu'un trop long séjour ne l'effarouche. Cinq où six mois consacrez à cette premiere étude, me paroissent suffisans; pourvû qu'on veuille bien se donner la peine, de garder exactement les régles suivantes. La premiere. Reduisez dabord tous les principes à un certain nombre, laissant à part tous ceux qui ne sont pas absolument necessaires, pour avoir commerce avec les Livres : Si vous ne commencez par là, toutes les leçons que vous ferez ne seront qu'un amas confus de préceptes, qui se chasseront mutuelement les uns les autres. La Seconde. Cette réduction, qui est l'ouvrage d'un esprit débarassé, étant une fois faite, vous expliquerez au Prince châque jour, un ou deux de ces principes, selon que vous les jugerez, plus ou moins difficiles ; Vous donnant bien de garde de les luy montrer tous à la fois. La troisiéme. C'est pourquoy je vous conseille, de les écrire vous-même l'un aprés l'autre, à mesure que vous serez obligé de les luy apprendre : je vous conseille encore, de ne souffrir pas qu'il ait entre les mains tous ces livres de Methode qui en traittent ; voyant de si gros volumes, cela luy feroit peur. La quatriéme. Ne luy proposez jamais ces principes, d'une maniere toute nuë; mais que ce soit toûjours, sous quelque image agréable ; dont vous aurez soin de les revétir : Il n'eſt point de plus court moyen, pour les faire entrer dans ſon eſprit & les y imprimer ; ce que nous apprenons avec plaiſir, nous échape rarement. La cinquiéme. Evitez auſſi dans vos explications, une certaine maniere toûjours égale & uniforme. Accoûtumez-vous à donner à tout ce que vous direz un air de nouveauté qui frape, & qui surprenne l'esprit du Prince. Inventez mille tours differens, pour dire la même chose ; il n'est rien de plus dégoutant dans l'étude que l'uniformité. La sixiéme. Tachez de faire en sorte, qu'il y ait de la liaison & de la dépendance entre vos principes ; de telle façon que l'un suive naturellement de l'autre ; ainsi vous

vous ne renverserez pas l'ordre des choses, comme font la plûpart des Maistres, ce qui doit être le premier passera devant, & ce qui doit occuper la derniere place viendra aprés. Outre une infinité d'avantages que le Prince retirera de cette conduite, il n'est pas croyable combien cét enchainement de préceptes soulagera sa memoire ; puisqu'en
E

r'appellant les especes d'un seul, vous luy r'appellerez en même temps celles de tous les autres.

La septiéme. Ne passez jamais à l'explication d'un nouveau précepte, que vous ne soyez bien sûr que le Prince possede parfaitement celuy que vous luy aurez déja proposé : Ne laissez échaper aucune occasion de luy faire rendre compte de ce qu'il aura appris. Le meilleur de tous les Maiſtres eſt l'exercice.

XIV.

Comme l'émulation qui eſt l'ame de l'étude ne s'entretient jamais mieux que par la concurrence, & que le Prince ſe verra ſans Rivaux, il vous en coutera, de luy inſpirer ce beau feu, qui fait qu'on devore avec plaiſir, les plus gran-

E ij

des difficultez qui se présentent dans le cours ordinaire des Sciences. Il faudra user d'adresse, & sçavoir luy mettre devant les yeux de puissants motifs, qui fassent sur son esprit autant d'impression, qu'en fairoit une foule de Concurrens. Ces motifs se prendront du côté de la gloire, qui est la passion dominante des grandes Ames. Vous luy ferez bien comprendre, que ce n'est pas à l'ombre qu'il étudie, mais en plein jour ; que tout le monde à les yeux sur luy ; que toutes ses fautes sont des fautes d'éclat ; qu'on les écrit en caractères de lumiere ; que la renommée les publie par tout, & que c'est là-dessus que les Peuples les plus éloignez tirent son portrait. Qu'un Prince sçavant, est une chose d'autant plus admirable, qu'elle est plus rare, &c. Vous vous servirez de mille innocens stratagêmes, pour luy rendre ces motifs plus sensibles : vous l'obligerez de temps en temps, à faire montre de ce qu'il sçait en présance de plusieurs personnes. S'il vient à broncher, la honte qu'il en aura luy servira d'aiguillon à reparer sa faute : que s'il réüssit, les applaudissemens qu'on luy donnera l'animeront à s'acquiter toûjours également bien de son devoir ; & à ne se démentir jamais.

XV.

N'avoir point de Maistre qui vous instruise, ou en avoir trop, sont deux extrémitez à craindre : mais je ne sçay s'il ne vaut pas mieux, n'en avoir point du tout, que d'en avoir trop. Tant de Maiſtres ne firent jamais un habile homme: & c'eſt peut-être une des principales cauſes, pourquoy on réüſſit ſi rarement dans l'éducation d'un Prince. Trop de gens s'en mêlent. Il ne faut qu'un ſeul Maître en châque art, pluſieurs ne font que s'embarraſſer. Les idées de l'un ne s'accordant pas avec celles d'un autre, il se fait dans l'esprit du Prince une confusion d'idées, qui ruine tout. La jalousie qui ne manque gueres de se mêler parmy les gens de même métier venant à inspirer aux Maistres des sentimens tout opposez, chacun se fait sa méthode particuliere, & s'imagine avoir droit de gouverner à sa fantaisie. Ainsi l'esprit du jeune Prince éternellement agité par des mouvemens contraires, ne sçait à quoy s'en tenir, & devient enfin la triste victime de l'envie & de la vanité de ses Maîtres.

XVI.

Tandis que vous occuperez l'esprit du Prince à l'étude des premiers principes, je ne prétens pas que vous laissiez languir, pour ainsi dire, sa mémoire, dans le repos & dans l'oisiveté. Bien loin de là, je veux que vous l'exerciez assidüment, & voicy la maniere dont vous devez vous y prendre. Ramassez avec soin toutes les plus belles maximes de Religion, de Morale, de Politique, que vous trouverez dans les Auteurs profanes, & sur tout dans les Livres sacrez. Recüillez exactement les faits les plus remarquables, de générosité, de sagesse, de modération, &c. qui sont répandus dans l'Histoire. Tantôt vous presenterez au Prince une de ces maximes, & aprés luy en avoir fait pénetrer tout le sens, vous l'obligerez à l'apprendre par cœur. Tantôt vous luy raconterez quelqu'un de ces faits, vous luy en ferez comprendre la beauté, avec ordre de s'en souvenir & de vous en faire un recit fidele, toutes les fois que vous le jugerez à propos. De cette façon en exerçant sa mémoire, sans le fatiguer, vous luy formerez le jugement.

XVII.

Quand vous reconnoîtrez que le Prince

aura l'esprit suffisament, imbù des premiers élémens de la Grammaire, vous l'appliquerez à la lecture, & à la traduction des Livres Latins : mais en ce point, il y a bien des ménagemens à garder. En premier lieu, ne vous trompez pas dans le choix des Auteurs, ils ne sont pas tous également propres à être maniez par une main encore jeune : attachez vous dabord à ceux, qui quoyque plus aisez à entendre ne laissent pas de renfermer la pureté & l'élégance de la Langue Latine. En second lieu. Ne vous mettez pas en peine, que le Prince lise beaucoup, au contraire faites qu'il lise peu, pourveu que ce soit avec réflexion, & qu'aucun mot ne luy échape. C'est toûjours lire beaucoup, que de bien entendre ce qu'on lit. 3°. A mesure qu'il lira, & selon les occurrences, qu'il ait soin d'appliquer les principes, que vous luy aurez déja appris; tandis que de vôtre côté vous prendrez occasion de luy expliquer à l'avanture, ceux qu'il ne sçait pas encore. 4°. Avant que de commencer l'explication d'un Auteur, vous luy en donnerez une connoissance

sance générale, ne manquant jamais de luy en faire un caractere juste, & de luy exposer en peu de mots, l'ordre & la liaison des choses principales, qui y sont contenuës. 5°. Le temps que le Prince pourra donner à cette sorte d'étude étant fort court, à raison d'une infinité d'autres exercices, dont il ne sçauroit se dispenser, & qui rempliront une bon-

E

ne partie de ses heures; ne permettez pas qu'il lise indifféramment & sans choix. Dans un Livre tout ne merite pas d'être lû, & il y a bien des choses, qu'on peut passer sans risquer beaucoup. 6°. Accoûtumez-le de bonne heure, à distinguer les vrayes beautez de l'éloquence, d'avec celles qui ne le sont pas. Comme son jugement doit être un jour la régle souveraine des bonnes choses, il est de la derniere importance qu'il ait le gout bon, & qu'il soit en quelque maniere infallible, dans les decisions qu'il prononcera sur les matieres d'esprit. Tous les vrays beaux esprits du siécle, vous auront une obligation essentielle, si vous leur procurez un juge éclairé, qui sçache donner le juste prix à leurs ouvrages, aussi bien qu'à la monnoye.

XVIII.

Je ne voudrois pas entierement retrancher au Prince l'usage de la composition: quoy que cét exercice ne plaise pas à bien des gens, il ne laisse pourtant pas d'avoir ses avantages. Je sçay bien qu'il n'est pas fort necessaire, que le Prince entre dans toutes les délicatesses scrupuleuses des Grammairiens, & qu'il importe peu qu'il sçache tourner & arrondir une période latine ; mais je sçay aussi que la composition étant une application continuelle des préceptes, elle peut servir d'un moyen tres-propre à les graver plus profondément dans son esprit. Outre cela on ne sçauroit croire, & il n'y a que ceux qui en font l'expériance qui le sçachent, combien la composition est d'un grand secours, pour apprendre insensiblement le latin & sans presque qu'on s'en apperçoive. Comme vous devez tacher de mettre le Prince en état, non seulement d'entendre sans interprete la Langue Latine, toutes les fois qu'on la parlera devant luy, mais de la parler encore luy-même, quand l'occasion s'en présentera ; il est à propos de déterminer un certain temps de la journée, où l'usage de toute autre langue luy soit interdit.

XIX.

La science de l'Histoire est à proprement parler la science des Princes, aussi doit elle faire leur principale é-

tude. Mais si l'on n'y prend garde, au lieu d'éclairer leur esprit, elle ne servira qu'à l'embarasser ; n'étant pour l'ordinaire, qu'une suite assez mal entenduë de temps & de choses, qui produit dans le cerveau une confusion épouvantable. L'Histoire est de toutes les sciences la plus difficile ; en voicy la raison. Toutes les autres sciences peuvent
assez

assez aisément se réduire, à de certains principes d'où dépendent, & d'où l'on tire par des conséquences necessaires, une infinité de véritez particulieres ; or quand une fois on tient tous les principes d'une science, on peut se flater qu'on la possede parfaitement. Mais il semble qu'il est impossible, de faire la même chose à l'égard de l'Histoire. Comme elle est un tissu de faits, qui n'ont nul rapport entr'eux, le moyen de les réduire à certains points principaux, où ils se trouvent tous renfermez comme dans leurs principes. C'est pourtant ce qu'il faudroit faire, pour en faciliter la connoissance; & c'est peut être ce que nous ferons en faveur du Prince.

XX.

La fausse idée que la plufpart des gens se forment de la science de l'Histoire, est la cause principale, pourquoy on y réüssit si peu. On s'imagine qu'elle est uniquement l'ouvrage de la mémoire, on se trompe, elle est encore plus l'ouvrage de l'esprit, & du bon sens. L'Histoire demande un esprit capable de grandes réflexions, & un sens qui puisse pénétrer, dans les causes les plus cachées des évenemens. Vous en verrez qui se croyent fort habiles, parce qu'ils ont la tête remplie d'un nombre infini d'avantures, qu'ils debitent agréablement: il est bon, je l'avoüe, de ramasser dans sa mémoire les faits les plus remarquables, & de sçavoir s'en servir dans les occasions ; mais je soûtiens que tout cela, n'est que le corps de l'Histoire. l'ame y manque, tandis qu'une réflexion profonde ne s'y rencontre pas.

XXI.

La science de l'Histoire, est la science de la vie humaine ; c'est-là ou nous apprenons à vivre, en voyant comme les autres ont vécu. La connoissance du cœur humain, si necessaire, & si difficile, est un des fruits les plus considérables, que nous puissions en retirer. Les passions humaines, qui sont les premiers mobiles, de tous les changemens qu'on voit dans le monde, y paroissent comme sur leur théatre, & chacune y jouë à son tour son personnage. Nous pouvons encore dire, que l'Hiſtoire eſt la ſcience de l'avenir. On aprend ce qui ſe fera, par ce qui c'eſt déja fait : il y a dans le monde Moral une certaine révolution d'évenemens, à peu prés comme il y a dans le monde Phyſique, une ſucceſſion réglée & conſtante de ſaiſons. La pluſpart des choſes qui ſont arrivées il y a mille ans, arriveront d'icy à cent ans ; & la raison de cette prophétie n'est pas malaisée à trouver. Les hommes qui vivront dans les siécles avenir, seront fort semblables à ceux, qui ont vécu dans les siécles passez ; ils auront les mêmes veûës, les mêmes interests, les mêmes passions ; donc ils agitont de même, étant impossible que des machines, qui ont des ressorts semblables, ne se remuent de la même façon. Le fin de la science de l'Histoire, consiste dans ce rapport, & cette comparaison que l'esprit doit faire du passé avec l'avenir. C'est par ce moyen, qu'elle peut tenir lieu d'expérience, & devenir une école propre à former les grands politiques. Ce rapport, il est vray, demande une forte application, & les esprits de toute espéce n'en sont pas capables.

XXII.

Aprés avoir ainsi disposé l'Esprit du Prince, voicy la maniere dont vous pourrez le conduire sûrement, dans les routes difficiles de l'Histoire. Vous luy en donnerez d'abord une idée générale. Cette idée ne doit renfermer, que la suite des principaux points de Chronologie, avec l'arrangement des faits les plus importans à la verité, mais sans ornement, & dépouillez de toutes leurs circonstances. Si vous l'appliquiez à la lecture des Historiens sans cette premiere vûë, qu'on peut appeller le flambeau de l'Histoire, il marcheroit dans les ténèbres, & feroit presque à chaque pas une fausse démarche. Il ne faut pas que l'idée dont nous parlons, soit fort chargée de Chronologie : outre que la chose seroit un peu trop embarrassante pour le Prince, elle luy seroit d'ailleurs assez inutile. Il n'a besoin de Chronologie qu'autant qu'il en faut, pour fixer la mémoire, & pour ne confondre pas les âges. Il luy suffira donc de sçavoir exactement le temps précis des principaux points historiques ; car pour ce qui regarde les choses moins considérables, c'est assez qu'il puisse dire, qu'elles ont leur place dans tel ou tel siécle, sans se mettre fort en peine du reste. On luy demandera par exemple, en quel temps vivoit l'Hérétique Ménandre ? Quand est-ce que Marcion commança à débiter ses infames erreurs ? qu'il réponde, que ce fut au premier siécle de l'Eglise, & cela suffit. C'est asseurément faire assez d'honneur à ces gens-là, & à bien d'autres, que de sçavoir le siécle où ils ont vécu, & ce seroit leur en faire trop, que de s'amuser à compter scrupuleusement leurs années. Mais si on luy demande, en quel temps arriva le fameux Siége de Jérusalem, prédit par les Prophétes, & par JESUS-CHRIST luy-même : qu'il ne se contente pas de répondre, que ce fut dans le premier siécle, ce ne seroit pas assez ; ces sortes d'évenemens méritent, qu'on en détermine le temps plus précisément.

XXIII.

Quand vous aurez une fois rangé dans sa tête cette idée générale; pour la luy rendre plus familiere, & de peur qu'il ne l'oublie, faites vous une loy inviolable, de luy en faire faire une revûë de temps en temps. Quelques fois solitaire, & dans

dans son cabinet, par manière de contemplation, vous ferez passer devant luy tous les siécles l'un aprés l'autre. Ce spectacle ne peut être que tres-agréable. Tantôt vous l'engagerez adroitement, à les parcourir luy-même en présence de quelques personnes intelligentes. Je veux aussi, que vous l'accoûtumiez à rapporter à cette idée, tous

H

les faits particuliers de l'Histoire, ou qu'il lira dans les livres, ou qu'il entendra dans les compagnies. On racontera par exemple, que Néron voulant avoir une image naturelle de l'incendie de Troye, fit mettre le feu aux quatre coins de la ville de Rome, & que ce cruel Empereur contemploit avec plaisir du haut d'une tour, à travers une Emeraude, les flames qui réduifoient en cendres la Capitale de l'Empire. Qu'il jette d'abord un coup d'œil fur fon idée, & qu'il voye qu'elle place Néron y occupe; c'eft là où il doit placer ce trait d'hiftoire. Et ainfi de tous les autres. De cette façon, il évitera l'embarras, & toutes fes lectures luy feront utiles. Autrement il liroit beaucoup, & profiteroit peu. C'est la plainte de la plupart de ceux qui s'addonnent à l'Histoire. Il y a peu de Livres historiques, disent-ils, que nous n'ayons leûs, & cependant de toutes nos grandes lectures, il ne nous en reste presque rien. Je n'en suis pas surpris. Vous avez lû, sans vous être fait auparavant une idée de l'Histoire, &

vous ne rapportiez à aucun but, ce que vous trouviez dans les livres ; le moyen après cela que tout n'échape.

XXIV.

J'ay dit, si vous vous en souvenez, qu'il seroit à souhaiter, qu'on réduisît à certains points principaux tous les faits particuliers de l'Histoire, comme on tache de réduire les autres sciences à quelques principes. La chose paroît d'abort impossible, elle ne l'est pourtant pas, quoy qu'elle soit à la verité tres-difficile, & qu'on n'en puisse venir à bout qu'à force de réflexions; & c'est ce qui confirme, ce que j'ay avancé ailleurs, que la réflexion étoit l'ame de l'Histoire : Je suppose donc, que vous avez déja donné au Prince cette idée générale, dont nous avons parlé. Que vous reste-t-il à faire. Le voicy. Prenez un siécle tel qu'il vous plaira, mettez luy devant les yeux, tout ce qui s'y est passé de remarquable, & aprés un examen sérieux, tirez, pour ainsi dire, du sein de ces faits, un certain nombre de propositions générales, qui feront autant de grandes maximes de Morale, ou de Politique : chacune de ces propositions, ou de ces maximes, se démontrera ensuite par les faits particuliers, qui y auront du rapport. J'appelle principes de l'Histoire ces propositions générales ; car comme dans les autres sciences, nous appellons principes, certaines véritez universelles, propres à éclairer l'esprit, ainsi en matiere

tiere d'histoire, nous pouvons appeller principes, toutes les grandes véritez capables d'instruire les mœurs, & de régler la volonté. Celles là font agir l'esprit, & celles-cy remuent le cœur. Je n'explique pas plus au long cette Méthode, l'usage & la pratique vous en donnera une connoissance parfaite : je me contenteray seulement de

vous en faire remarquer la beauté & l'utilité.

XXV.

Cette Méthode est belle. Premierement, parce qu'elle a quelque chose de nouveau, & que la nouveauté a droit d'embelir tout. En second lieu, parce qu'elle est noble, je veux dire, qu'elle demande une ame élevée, qui entre dans les plus grandes maximes, & un esprit pénétrant qui découvre le rapport le plus caché des choses les unes avec les autres. Mais cette Méthode, n'est pas moins utile qu'elle est belle. Il faut juger de son utilité, par la fin de l'Histoire. Cette fin consiste en deux choses, à perfectionner les mœurs, & à former le jugement, car on ne doit se proposer d'autre but dans l'étude de l'Histoire, que d'apprendre à vivre en homme de bien, & à se conduire en homme sage. Or je soûtiens, & je puis dire que l'experience, que j'en ay faite sur quelques personnes, m'en a déja convaincu, qu'il n'y a point de Méthode plus propre à perfectionner les mœurs, & à former le jugement, que celle dont je viens de parler. En effet, quoy de plus propre à instruire le Prince, que ces maximes de morale, qu'il tirera incessamment des faits de l'histoire; & peut on imaginer rien de plus utile à luy former le jugement, que ces réflexions presque continuelles, qu'il sera obligé de faire sur tous les évenemens : car pour les réduire à leurs principes, c'est-à-dire, à des propositions générales, qui les renferment, il faudra qu'il les tourne de tous côtez, qu'il les regarde en tous sens, jusqu'à ce qu'il ait trouvé un juste rapport entre le fait, & la maxime; d'où il voudra le faire dépendre. Il vous faudra presque continuelement exercer le Prince sur ce point là ; tantôt en luy proposant un certain nombre de faits, d'où il tirera les maximes, qui luy paroîtront les plus justes ; & tantôt en luy proposant vous-même quelques maximes, qu'il sera obligé de prouver par les faits particuliers de l'histoire, qu'il jugera les plus convenables.

XXVI.

Se conduisant de cette sorte dans l'étude de

l'histoire, il apprendra en même temps la science du monde, puisqu'il découvrira les secrets ressorts qui donnent le mouvement à la plupart des hommes. Il reconnoîtra les fins qu'ils se proposent dans leurs actions, & les différens moyens qu'ils employent pour les executer. Il se rendra insensiblement habile dans l'art de démeler les intrigues les plus embrouillées, en dévelopant les veritables causes des accidens humains, qui semblent d'abort n'en avoir d'autre, que le hazard, & le caprice de la fortune: ainsi les morts luy apprendront à vivre, & vous aurez le plaisir de voir, qu'aux dépens de ceux qui ne sont plus, il deviendra quelque chose de grand. Enfin pour dire tout en peu de mots. Apprenez au Prince les belles actions qui se sont faites, & inspirez-luy le desir de faire luy-même des actions, qui meritent un jour qu'on les apprene.

XXVII.

Les Princes ayant esté établis de Dieu, pour être en quelque façon les maîtres de la Nature, il me semble, que ce seroit leur faire tort, que de vouloir leur en dérober la connoissance, sous prétexte qu'elle ne leur appartient pas. C'est ce qui me fait dire, qu'il ne sera pas mauvais, de donner au jeune Prince, dés que vous verrez que son esprit aura atteint un certain point de perfection, quelque teinture de la Philosophie ; non de cette

Philosophie, qu'on enseigne dans l'Ecole, car j'avouë que celle là n'est pas faite pour luy, mais d'une Philosophie particuliere, que je voudrois qu'on composât uniquement en sa faveur, & qu'on peut appeller à bon droit la Philosophie du Prince. Cette Philosophie, de la maniere dont je la conçois, doit comprendre deux choses. En premier lieu. La connoiſſance que le Prince doit avoir de ce qui ſe paſſe au dedans de luy-même. En ſecond lieu. La connoiſſance qu'on doit luy donner des choſes principales, qui ſont hors de luy. Il eſt neceſſaire que le Prince ſe connoiſſe ſoy-même, & il eſt à ſouhaitter qu'il n'ignore pas, ce qui eſt autour de luy. On ne ſçauroit luy propoſer de plus grand objet que luy-même, & tandis que tous ceux qui ont l'honneur de l'approcher, s'occupent à le pénétrer, il ne faut pas qu'il se cache à ses propres yeux. Si l'on observe en sa personne avec quelque espéce de Religion, jusqu'aux plus petits mouvemens de son visage, doit il se refuser à luy-même le plaisir qu'il aura, à distinguer les mouvemens admirables, que son esprit se donne, quand il agit.

XXVIII.

La premiere chose que vous ferez, sera de luy expliquer d'une maniere sensible, comment se forment dans sa teste ces images spirituelles, que nous appellons idées, ou connoissances ; comment son ame venant à les contempler, & à les examiner attentivement, les joint entr'elles, ou les sépare, selon qu'elle le juge à propos : Et comment enfin par la différente combinaison qu'elle en fait ; d'une vérité connuë, elle en tire une infinité d'autres qu'elle ne connoissoit pas. La connoissance de nos idées est absolument nécessaire pour ne se tromper pas dans les jugemens gémens que nous portons; car nos jugemens sont toûjours selon nos idées, si les idées sont vrayes, justes & distinctes, les jugemens le sont aussi, étant naturel au ruisseau de participer à toutes les qualitez de sa source. Ainsi quiconque peche dans l'idée, ne sçauroit s'empecher de tomber dans l'erreur, dans l'embarras & dans la confusion.

K.

XXIX.

Pour donner au Prince une connoiſſance de ſes idées, vous tâcherez de luy en découvrir tous les principes : il y en a de deux ſortes, les uns ſont ſujets à l'erreur, les autres ne le ſont pas. Ceux-cy ſont des ſources pures, il n'y a rien à craindre, & ceux-là ſont des ſources gâtées ; il faut s'en défier : nous trouvons en nous, si nous y faisons réflexion, certaines idées qui nous viennent immédiatement de Dieu, & auxquelles ny les sens, ny les objets de dehors n'ont aucune part; ces idées ne peuvent être que vrayes, puis qu'elles sont, pour ainsi dire, des écoulemens de la vérité prr essence, & comme autant de semences de toutes les vérités particulieres que nous pouvons acquérir dans la suite par le moyen de l'étude. Ces idées qui tirent leur origine du Ciel, ne sont pas en fort grand nombre : vous en ferez une recherche la plus exacte qu'il se pourra, ne souffrant pas qu'elles demeurent ensevelies au fonds de l'ame ; vous les ferez sentir au Prince, & vous luy apprendrez à les déterrer, en luy donnant des régles sûres pour les reconnoître & les distinguer de toutes les autres. C'est par la qu'il faut commencer, la connoissauce de soy-mesme, en démelant ce que l'ame a reçû de Dieu d'avec ce qu'elle acquiert, par son travail & son industrie : ce point est un des plus délicats. Les régles pour ne s'y tromper pas, & ne prendre pas l'eschange, peuvent se rapporter à trois. La premiere. Quand nous trouvons en nous une idée, & que réflechissant sur nous mêmes, nous ne sçaurions dire comment elle nous est venuë, c'est une marque qu'elle vient de Dieu. La seconde. Quand nous remarquons qu'une idée est tellement duë à l'ame, qu'elle ne sçauroit s'en passer, & qu'elle en a un besoin absolu pour éviter le déréglement & le desordre, soit de l'entendement ou de la volonté; concluons que l'ame a reçû cette idée en naissant: n'étant pas croyable qu'elle soit sortie des mains de Dieu, dépourveuë de ce qui luy étoit necessaire, pour agir conformément à sa nature. La troisiéme enfin doit se prendre du sentiment & de la conscience; car une idée qui vient de Dieu, a je ne sçay quoy de singulier, qui se fait sentir, & qui nous dit d'une voix assez intelligible, quel est son auteur.

XXX.

Il y a d'autres idées dont nôtre esprit est le seul ouvrier, & ce sont toutes celles qu'il produit par sa propre vertu, tu; ou sur ces premiéres idées, que nous venons de toucher (car elles sont comme autant d'originaux, dont on peut tirer une infinité de copies) ou sur les objets extérieurs qu'il se rend intimement présens, & dont il tâche de se faire un portrait, qui leur soit entiérement ressemblant. Les idées de ce second ordre, ne sont jamais

L

trompeuses; pourvû que l'esprit y apporte toute l'attention & toute l'application, dont il est capable : autrement on pourroit dire, que Dieu auroit donné à l'homme une puissance qui le précipiteroit dans l'erreur, lors même qu'il en feroit un tres-bon usage; ce qui seroit rejetter sur cét être nécessairement vray, la cause de nos erreurs.

Vous expliquerez au Prince, dans quelle conjonctures il faut que l'esprit se trouve, pour n'être jamais trompé; & comment il doit procéder dans la recherche de la vérité, s'il prétend être assez heureux que de la découvrir. C'est icy où vous luy apprendrez à remonter jusqu'aux premiers principes; & dans toutes les matiéres que vous traiterez, vous le conduirez insensiblement & par degrez aux dernieres propositions, aprés lesquelles il n'y a rien plus à chercher. Vous l'accoûtumerez ainsi à pénétrer le fonds des choses, & à ne pas s'arrêter à la superficie: vous luy rendrez l'esprit inventif, & vous donnerez à son génie toute l'étenduë qu'il peut avoir. J'estime que c'est un des plus grãds services, que vous puissiez luy rendre: vous le mettrez par là en état d'entrer aisément dans les affaires les plus difficiles, de n'être jamais embarassé, & de trouver mille expédiens pour en venir à bout. Cependant il n'y a point d'exercice plus negligé que celuy-cy à l'égard des Princes, comme si leur esprit n'êtoit pas d'un assez grand caraétere pour soûtenir avec succés tout ce que cét exercice a de sublime. Vous me direz sans doute qu'il faut les ménager, & que tout ce qui tient de la spéculation a quelque chose de trop rebutant pour eux ; il faut les ménager, j'en tombe d'accord, mais un habile Maître scaura les ménager, & leur apprendre en même temps les choses les plus relevées. On ménage toûjours un esprit, quand on luy rend tout facile.

XXXI.

La grande foule de nos idées vient des sens & de l'imagination, deux sources inépuisables d'erreurs. Les sens nous trompent, parce qu'ils font tres-souvent des peintures infideles, des objets qu'ils nous représentent. L'imagination nous trompe aussi, parce qu'elle se forme de phantômes que nous prenons ordinairement pour quelque chose de réel. Prenez bien vos mesures, si vous voulez mettre l'esprit du Prince en sureté contre ces deux écüeils : il est beaucoup plus aisé de se deffendre des illusionr des sens, que des surprises de l'imagination. Les sens nous imposent d'une maniere grossiere, mais l'imagination y va plus finement. Ses opérations sont si semblables à celles de l'entendement, qu'on a besoin d'un discernement exquis, pour ne s'y méprendre pas. Il y a neanmoins des régles dont vous ne manquerez pas d'instruire le Prince, & qui pourront luy servir de préservatifs. Il seroit trop long de les déduire icy. Il suffira de vous faire remarquer, qu'il faut toujours se défier d'une idée, quand la volonté y a quelque part, & que cette puissance aveugle veut se mêler déclairer l'esprit ; car pour lors cette idée vient de la passion, & la passion nous fait voir des choses qui ne sont pas, ou tout autrement quelles ne sont.

XXXII.

Il n'est pas moins important que le Prince sçache distinguer les mouvemens de son cœur, que les idées de son esprit ; & c'est pour cela que la connoissance de l'un, doit suivre immédiatement aprés celle de l'autre. La science du cœur humain nécessaire au Prince, doit être toute renfermée en ces deux points. Le premier, à bien connoître ce qui peut remuer & agiter le cœur ; & le second, à sçavoir ce qui peut le calmer & le mettre en repos. Le cœur du Prince est une place qu'on attaque de tous côtez, & s'il n'est bien défendu, il court grand risque d'être pris. Les passions, qui y trouvent beaucoup moins d'obstacles, que par tout ailleurs y regnent auſſi avec un empire plus abſolu, & il arrive aſſez ſouvent que celuy qui eſt le maître de tous les autres, ſe voit réduit à un honteux eſclavage. Ne vous laſſez jamais de repreſenter au Prince, le danger qu'il y a de s'abandonner à une paſſion deraiſonnable, de quelque nature qu'elle ſoit. Etudiez-vous à luy faire le caractere de chaque paſſion en particulier. Qu'il ſçache ce qui la fait naitre, ce qui l'entretient, ce qui l'augmente, ce qui la diminuë, & ce qui la détruit. Apprenez-luy quels ſont les vrays pronoſtiques & comme les avant-coureurs d'une paſſion naiſſante, qu'il en connoiſſe le progrés & les ſuites : ne manquez pas d'autoriſer tout ce que

UN PRINCE.
vous direz sur ce sujet par des exemples fameux ; & dans les Histoires particulieres qu'il lira, montrez luy toutes les démarches que fait une passion, quand on la laisse faire. Enfin inspirez-luy de l'amour pour les passions, qui siénd bien au cœur d'un Souverain, & donnez-luy un horreur extréme pour toutes celles, qui peuvent le deshonorer.

XXXIII.

Un Prince doit être tellement maître de son cœur, qu'il ne permette jamais, quelque passion qui l'agite, que cette émotion se répende au dehors : il ne sçauroit s'empêcher quelquefois de sentir ce qu'une passion a de plus violent, mais il faut que tout cela se passe chez luy si secretement, que ceux

là

là même qui l'examinent de plus prez, ne s'en apperçoivent pas. Le caractere d'un grand Prince, est de paroître homme le moins qu'il se peut. Il est impossible que le cœur demeure long-temps dans cét état d'élevation, s'il n'est soûtenu par de grands principes de morale, qui servent d'un espéce de frein & de barriere à ses mouvemens les plus impetueux : & c'est justement de ces grands principes, dont vous devez continuellement remplir son esprit, en tâchant de ramasser toutes les véritez morales, qui sont capables de faire quelque impression, selon les differentes situations du cœur ; afin que dans quelques conjonctures que le Prince se trouve, pour si délicates qu'elles soient, il ait toûjours en main dequoy se soûtenir & se défendre: il ne faut pas aussi qu'il ignore ce que c'est qu'une action bonne & honnête, non seulement devant les hommes, mais encore devant Dieu, quelle fin on doit s'y proposer, quel en doit être le motif & le principe ; car s'il est bon qu'il soit instruit de tout ce qui peut former le Heros, il vaut encore mieux qu'il sçache tout ce qui fait l'homme de bien.

XXXIV.

Les effets de la natuture qui tombent presque tous les jours sous nos sens, ne doivent pas être un myſtére à ſon égard : c'eſt une choſe digne de luy, de connoître les ſecrets reſſorts que Dieu employe, pour maintenir cét Univers dans sa premiere perfection. Pour cela vous ferez deux choses. La premiere, vous imaginerez un Systéme du monde en général, le moins composé & le plus simple qu'il se pourra, afin qu'il puisse voir sans beaucoup de peine toutes les parties qui le composent, avec la liaison & la dépendance qu'elles ont les unes avec les autres. La seconde, vous luy donnerez enſuite une connoiſſance de tous les principes généraux de Phiſique, qui ne ſont pas en fort grand nombre; & vous luy en ferez faire l'application, à meſure que l'occaſion s'en préſentera. De temps en temps par maniere de divertiſſement, vous prendrez les plus beaux Phénomenes de la nature, & vous luy en découvrirez les véritables causes : lors qu'il se promenera, par exemple, & qu'il regardera avec une espece d'admiration, les différentes figures que l'Art sçait donner à l'eau, expliquez luy d'une maniere aisée & comme en riant, tous ces effets admirables, & ainsi des autres ; de telle façon que tout ce que vous luy direz, tienne plus de l'air d'un homme qui veut le divertir, que d'un Maître qui veut l'inſtruire. Quelquefois vous luy donnerez le plaiſir des expériences les plus curieuſes, & vous le convaincrez de la vérité de vos principes par ſes propres yeux.

XXXV.

Ce que le Prince doit ſçavoir le mieux, eſt ſa Religion. Comme me il a esté établi de Dieu pour en être le protecteur & le défenseur? il faut qu'il en connoisse le mérite & l'importance ; afin qu'il ne s'avise jamais de donner dans ce déreglement; où la pluspart des Princes tombent pour l'ordinaire, qui est de regarder la Religion, comme une chose de pure politique, & de n'en avoir qu'autant qu'elle peut servir à leurs interests. Mais voicy l'ordre que vous pourrez garder en cette matiere. Il faut dabord remonter à la source de la Religion; qui est cette premiere & fondamentale vérité, il y a un Dieu, ce n'est pas que je prétende que vous luy démontriez l'existence d'un Dieu par les raisonnemens quelquefois trop subtils, dont se servent les Philosophes ; Je veux seulement, que vous luy fassiez sentir, qu'il y a un Dieu, & cela, en luy faisant remarquer les caracteres visibles de la Divinité, qui sont imprimez dans toute la nature, & en luy faisant trouver, pour ainsi dire, ce premier être dans son cœur, & au dedans de luy-même, par les sentimens secrets qu'il en a, & qu'il découvrira aisément, pourveu qu'il y fasse un peu de réflexion. On ne sçauroit donner aux Princes une assez grande idée de Dieu : il y a danger qu'ils ne veuillent se mettre à la place de cét Etre souverain & indépendant; car leurs yeux ne voyant rien qui soit au dessus d'eux, ils sont quelquefois fort tentez de croire, qu'il n'y a point d'autre divinité, qu'eux-mêmes.

XXXVI.

La vraye idée de Dieu que vous aurez tâché de donner au Prince, le conduira à deux autres grandes véritez, à l'immortalité de son ame, & à la connoissance d'une religion naturelle. Dieu étant aussi parfait qu'il l'est, il faut nécessairement que l'ame raisonnable soit immortelle, & que cette ame rende à Dieu certains devoirs, qui sont absolument indispensables. La bonté & la justice sont les deux fondemens de l'immortalité de l'ame : la souveraineté & l'indépendance, sont les deux sources de la Religion naturelle. Icy vous r'appellerez ce temps hûreux, ce siécle d'or, ou l'homme n'avoit besoin que de luy-mème pour se conduire,

& agissoit toûjours raisonnablement, en ne suivant d'autres loix, que celles de son esprit & de son cœur. C'est ce temps que nous appellons le temps de la Loy de nature. Mais cette Religion naturelle fut bientôt corrompuë, & l'homme, en qui le peché avoit mis le desordre, tomba malheureusement dans le plus grand de tous les déréglemens, qui est l'idolatrie : il ne voulut plus avoir de Dieu, qui fut son Créateur; il voulut luy-même devenir le Créateur de ses Dieux, & n'en reconnoître d'autres que ceux, qui seroient l'ouvrage de ses mains. Il faudra expliquer au Prince, les causes, les progrés, & l'étenduë du Paganisme ; & luy faire voir par cét endroit, à quelles extravagances l'esprit de l'homme s'abandonne quand son cœur est une fois corrompu.

XXXVII.

Cette corruption presque générale causée par l'idolatrie, montre clairement combien il étoit necessaire, que Dieu employat une révelation, qui fut le rétablissement de la Religion naturelle, & remit l'esprit & le cœur de l'homme dans l'ordre que la raison exige. Cette révélation n'est autre chose que la Loy écrite, que nous trouvons dans les anciennes écritures, dont le Peuple Juif a esté le premier dépositaire. Il faut que ce Livre divin, soit le Livre favori du Prince: toutes les fois qu'il le lira, qu'il fasse ces trois réflexions. La premiere. Il n'y a que Dieu qui ait peu joindre tant de simplicité, avec tant d'élévation. La seconde. Il faut être Dieu pour avoir peu garder un si juste rapport entre tant de parties differentes. La troisiéme enfin. Il n'appartient qu'à Dieu de faire une alliance si parfaite, de la douceur avec la force. Vous luy ferez remarquer, tous les caracteres de la Divinité, qui paroissent si visiblement dans les Ecritures. Vous luy apprendrez, comment elles se sont conservées jusqu'à nous, sans qu'on ait pû y changer rien d'essentiel. Vous luy expliquerez, cóment toutes les Propheties qui y sont contenuës, ont esté vérifiées par les évenemens, qu'on ne peut revoquer en doute sans folie, & qui sont autant de preuves incontestables, que l'Ecriture est l'ouvrage d'un Dieu, qui voit & qui peut tout. C'est dans ce Livre admirable, où il doit apprendre l'art de Regner, en y apprenant toutes les maximes de la vraye politique. Il y verra des Heros de toutes les maniéres, & quelque caractere de Prince, qui luy plaise, il y trouvera dequoy se contenter.

S'il veut se faire craindre de son peuple & s'en faire aimer, s'il prétend se distinguer par sa magnificence, s'il souhaite vivre en paix & goûter les douceurs d'un Regne tranquille, s'il aime mieux se rendre terrible à ses Ennemis, emporter des Villes, gagner des Battailles, triompher; en tout cela l'Ecriture luy fournira des modeles à imiter.

XXXVIII.

Aprés avoir fait connoître au Prince la Religion naturelle, gravée dans le cœur de l'homme par les doits de la Nature, corrompuë par le Paganisme, & réparée par la Loy des Juifs; vous passerez outre, & de la Loy Judaïque, vous viendrez à la Religion Chrétienne, qui est le rétablissement entier &

parfait de la Loy naturelle. L'Ecriture des Juifs, si on la séparoit de la Religion Chrétienne, ne seroit plus qu'un amas confus de choses imaginaires, où l'esprit ne pourroit rien comprendre. Que seroit, par exemple, cette nouvelle alliance de Dieu avec les hommes, dont elle parle si souvent, & en des termes si pompeux & si magnifiques

gnifiques, qu'une vaine promesse. Cette vocation de toutes les Nations à la connoissance du vray Dieu, qu'une pure illusion. Ce Messie dont elle prent soin de nous faire un si beau portrait, & d'en marquer jusqu'aux plus petites circonstances qu'un Heros de Roman. Cette conséquence est donc bien tirée; il y a eu une Religion Judaïque, donc il doit y avoir une Religion Chrétienne. Pour donner au Prince une idée de l'excellence de la Religion Chrétienne, vous commencerez d'abord par son établissement miraculeux. La divinité de son fondateur, les oppositions qu'il falut vaincre, les miracles des Apôtres pourront l'occuper quelque temps: vous luy ferez goûter les maximes de sa morale infiniment sainte : vous luy déveloperez toute l'œconomie de ses mysteres les plus sublimes, luy faisant remarquer le rapport qu'ils ont avec les sentimens de nôtre conscience, & leur convénance avec les lumieres de la raison. Vous ferez le parallele de toutes les autres Religions avec celle-cy, & par cette comparaison l'esprit du Prince demeurera entiérement convaincu que toutes les autres Religions, qui regnent encore dans le monde, ne font que de Sectes purement humaines, & que la Religion Chrétienne est l'ouvrage de la sagesse infinie, & de la Toutepuissance d'un Dieu. Je ne parle point de quelques autres sciences, comme de la Géographie & du Blason: ces sortes de sciences s'apprennent par les yeux, & la meilleure méthode à mon sens pour les enseigner, est de n'en avoir point.

Fin de la Premiere Partie.

L'ART D'ELEVER UN PRINCE,

SECONDE PARTIE.

QVI COMPREND ce qui est necessaire pour luy former le Cœur.

IL y a un si grand rapport, entre l'esprit & le cœur de

l'homme, qu'il est assez difficile, que l'un ne se ressente de la bonne, ou mauvaise disposition de l'autre : On ne laisse pourtant pas de voir des personnes dans le monde, qui ont l'esprit fort éclairé, & en même temps le cœur tres-mal fait. Ces sortes de gens, ne sont parfaits qu'à demy, ou pour mieux dire, il ne le sont point du tout ;

car la perfection de l'esprit, si elle ne contribuë à celle du cœur, ne mérite pas le nom de perfection, puisque l'esprit ne doit avoir de lumiere, qu'afin que le cœur se conduise plus sûrement, & qu'il ne vienne jamais à faire une fausse démarche. Mais nous voyons arriver assez souvent, par un renversement de nature, que les lumieres de l'esprit, l'esprit, font le dereglement du cœur; plusieurs ne font méchans, que parce qu'ils sont éclairez. Nous n'aurions donc guere avancé, si aprés avoir formé l'esprit du jeune Prince, nous ne tâchions encore avec plus de soin, de luy former le cœur. Ce dernier point, est incomparablement plus important, & plus difficile, que le premier. On peut être un fort grand Prince, sans être sçavant, on ne sçauroit l'être, sans un bon cœur. Ce n'est pas l'esprit, qui fait le Heros, c'est le cœur. On conduit, on redresse, on réforme aisément l'esprit; mais le cœur ne se laisse pas tourner, ny manier si facilement : étant le principe de toute sensibilité, la moindre violence qu'on luy fait, l'incommode ; il faut une addreffe infinie, pour s'oppofer à fes mauvais penchans, fans le révolter, & il n'appartient, qu'à une main extrémement délicate, d'appliquer des remedes à fes inclinations corrompuës, fans l'aigrir.

II.

Outre ces empêchemens généraux, il s'en trouve de particuliers dans le cœur d'un Prince. Un cœur souverain & indépendant, se croit toûjours au dessus des régles : il regarde tous ses mouvemens, comme les seules loix qu'il doit suivre ; & bien loin de vouloir qu'on le regle, il prétent regler toutes choses à sa fantaisie. Cét air de grandeur qu'il respire sans cesse, produit en luy des sentimens ennemis de l'instruction : étant exposé à tout ce que les objets ont de plus touchant, il est presque impossible, qu'il n'en ressente les atteintes, & que les passions ne s'en rendent les maîtresses. D'ailleurs, il est incroyable, quels ménagemens il y a à garder. Le cœur d'un Prince ne se manie pas, comme celuy des autres hommes; la force, & la violence n'y peuvent rien : c'est un vase sacré qu'on ne touche qu'avec respect. Il faut même porter le ménagement jusqu'à ce point, que le Prince ne connoisse pas, que vous ayez dessein de rien changer dans son cœur : s'il venoit à s'en appercevoir, cela produiroit deux fort méchans effets. Le premier. Il s'imagineroit, que vous avez conçu quelque méchante idée de luy, ce que vous devez éviter avec toute sorte de soin. Sur le chapitre du cœur, la délicatesse des hommes est extréme ; chacun croit, & se pique de l'avoir bon. Le second. Cela l'obligeroit à prendre ses mesures, & à se précautionner contre tout ce que vous pourriez faire pour le corriger : car le cœur de l'homme est ainsi fait, il veut bien être délivré de ses foiblesses; mais il ne veut pas sentir la main, qui doit l'en délivrer.

III.

C'est aussi pour cela, qu'on ne sçauroit réduire en art, la maniere dont il faut s'y prendre, pour former le cœur d'un jeune Prince. Tout dépent du génie, & de l'addresse de celuy, qui est chargé de son éducation. Il y a de certaines gens, qui sçavent naturellement tourner les cœurs, & leur donner la figure qu'il leur plait. Ce sont des génies heureux, qui concevant les choses noblement, & les representant toûjours d'un air animé, ne manquent jamais de faire impression. Une maxime dans la bouche de celuy-cy nous frappera, & la même maxime dans la bouche d'un autre ne se fera pas sentir. Il est de la derniere importance que ceux qu'on met auprés du Prince soient capables, & d'entrer eux-mêmes dans les plus grands sentimens, & d'y faire entrer les autres. Ce rare talent vient uniquement de la Nature, & l'étude n'y peut presque rien. C'est pour cela que dans un Maître, on doit pour le moins avoir autant dégard à son cœur, qu'à son esprit. Un cœur étroit & resserré est indigne d'approcher la Personne du Prince. On ne sçauroit déterminer quel temps il faut employer à luy former le cœur. La prudence doit régler ce point. Tous les exercices, soit de l'esprit ou du corps, peuvent avoir leurs heures réglées, celuy-cy ne le peut pas. Tout ce qu'on peut dire en général, c'est qu'il faut que le Maître sçache faire naître les occasions, & se servir de celles qui se présentent comme d'elles-mêmes, pour jetter dans le cœur du Prince quelque bon sentiment. Ce doit être là sa grande application. Quelquefois, à propos de ce que le Prince lira, ou de ce qu'il entendra, à propos des accidens qui arrivent dans la vie humaine, à la vûë des objets qui frappent les sens, &c. Vous pourrez adroitement luy insinuer quelque bonne maxime, & la luy faire goûter ; mais que cela se fasse sans aucune ombre d'affectation, & qu'il ne paroisse jamais qu'il y a du dessein, & que la chose est préméditée.

IV.

Voyci quelques réflexions qui ne feront pas inutiles. La premiere chose que vous devez faire, est de former dans vôtre esprit, l'idée d'un cœur qui soit digne d'un Souverain. Le cœur d'un Souverain doit être un cœur généreux, intrepide, liberal, magnifique, sensible aux grandes choses, aimant la gloire, doux, humain, compatissant, modéré, maître de luy-même, ferme, inébranlable, toûjours égal, juste, équitable, ne se laissant jamais pénétrer, qu'autant qu'il le faut, pour faire dire aux gens, que le Prince a un cœur digne de l'Empire, &c. Donnez à ce cœur toutes les perfections que vous pourrez, & ne craignez pas de luy en donner trop. Aprés avoir ainsi élevé vôtre esprit, vous viendrez à examiner le cœur du Prince, tel qu'il est en luy même: vous le comparerez avec ce cœur en idée que vous vous étes déja formé, vous verrez s'il est fort ressemblant, & dans cette comparaison vous découvrirez, & les perfections qui luy manquent, & les défauts que

que vous devez y corriger. Faites vous donc une étude continuelle du cœur du Prince, tâchez d'en reconnoître, & le fort & le foible : il y a des foibles de deux manieres. Les uns ne sont bons à rien, les autres peuvent servir d'instrument à de grandes choses, quand on sçait les ménager. Si les foibles que vous remarquerez dans le cœur du

Prince font de la premiere espéce, vous vous appliquerez uniquement à les guerir ; s'ils font de la derniere, vous en tirerez vôtre avantage.

V.

Un foible fe guerit quelquefois par un autre foible : & c'eſt la conduite ordinaire qu'il faut tenir, quand on rencontre de ces fortes de foibles, qui ne portent d'eux-mêmes qu'au mal. Suppofons, par exemple, que le foible du Prince foit l'emportement & la colere, vous devez tâcher de luy infpirer de la douceur & de la modération jufqu'à l'excés : mais, fi ce font des foibles, que vous puiffiez tourner heureufement aux grandes chofes, profitez en : & pour le faire, obfervez ces deux points. Le premier. Proposez incessament au Prince de grands objets, qui étant loüables & honnétes, ne laissent pas d'avoir de l'éclat aux yeux des hommes. Le second. Faites luy bien comprendre, qu'il trouvera dans la poursuite de ces objets, dequoy se contenter parfaitement. L'ambition par exemple, un amour excessif de la gloire, est le foible du Prince, c'eſt là ſa paſſion dominante; ne vous laſſez pas de luy mettre devant les yeux, qu'il ne ſçauroit s'acquérir une plus grande gloire, qu'en travaillant au bonheur de ſon Peuple, qu'en faiſant fleurir la Religion dans ſes états, qu'en y maintenant la juſtice, qu'en donnant en toutes les rencontres des marques de ſa modération, &c.

Quand vous vous serez une fois rendu le maître de sa passion dominante, & que vous luy aurez donné, pour ainsi dire, le bon tour, tout est fait, les autres passions suivront sans peine, & se laisseront conduire au gré de celle-cy.

VI.

La passion dominante du Prince fera donc

vôtre étude principale. Commencez par la bien connoître, ne vous y trompez pas. La chose n'est peut-être pas si aisée que vous pourriez vous l'imaginer : comme dans le cœur du Prince toutes les passions y sont en liberté, elles paroissent toutes y dominer, & il est aisé de prandre l'échange : cependant il y en a une, qui a le dessus, & qui

l'emporte; c'est celle là qu'il faut démeler de toutes les autres, & à laquelle il faut s'attacher: pour cela il est necessaire, que vous pénétriez à fond le naturel & le tempérament du Prince, que vous pesiez toutes ses actions, & toutes ses paroles, qu'aucun de ces mouvemens, qu'aucun geste ne se dérobe à vos réflexions; tout cela, quand on y est

est attentif, porte le caractere de la passion dominante. Quand vous l'aurez découverte, voyez de quels biais vous devez vous servir pour la bien conduire, de là dépent tout le succés de l'éducation du Prince. D'abord faites semblant de la flater, sur tout, si c'est une de ses passions, qui tendent naturelement à l'héroïsme ; luy declarer une guerre ouverte feroit l'irriter. Il ne faut pas y toucher, qu'aprés bien des tours & des détours, & que vous n'ayez auparavant bien mefuré vôtre coup. Le grand fecret, eft de fçavoir bien faire au Prince, des portraits de fa paffion dominante, dans lefquels il apperçoive, & ce qu'elle peut avoir de loüable, & ce qu'elle a de honteux : cela s'appelle representer le Prince à luy-même. Au reste, ces portraits doivent se faire avec beaucoup de précaution. 1°. Prenez garde à ne pas les outrer, dites toûjours ce qui se fait, & jamais ce qui peut absolument se faire: ce qui se passe dans le cœur du Prince, non pas ce qui n'est peut-être que dans vôtre imagination. 2°. Ecartez autant que vous le pourrez de l'esprit du Prince la pensée qu'il pourroit avoir, que vous avez dessein de le peindre; il faut luy laisser à luy-même le plaisir de s'en faire l'application. 3º. Prenez occasion de faire entrer dans ces portraits quelque grande maxime, qui puisse servir de frein à la passion dominante. 4º. Que ces portraits soient toûjours fondez sur quelque trait éclatant de l'Histoire, ils en paroîtront moins affectez, & feront beaucoup plus d'impression sur l'esprit du Prince.

VII.

Appliquez-vous sans cesse à l'instruire de tous ses veritables devoirs, & à luy inspirer des sentimens qui leur soient proportionnez. Qu'il apprenne ce qu'il doit à Dieu, ce qu'il se doit à luy-même, & ce qu'il doit à son Peuple. C'est icy où il faut que le Maître r'amasse toutes les forces de son génie, pour concevoir les choses d'une maniere si vive, & si pénétrante qu'elles se fassent sentir au cœur, en même-temps qu'elles se présentent à l'esprit : Il faut que sur ces trois devoirs que nous venons de remarquer, il se forme certaines grandes idées, dont il puisse entretenir l'esprit du Prince. Ces idées seront plus ou moins nobles, selon que le Maître aura plus ou moins d'élevation. Il est difficile de dire quels doivent être ces sentimens: bien souvent un bon cœur les sent, & ne peut les exprimer. En voicy neanmoins un petit essay, qui peut vous servir de modéle, sur lequel vous ne manquerez pas d'encherir, selon les différentes occasions qui s'en présentent. Les plus beaux sentimens sont quelquefois l'ouvrage du hazard.

VIII.

Le Prince doit à Dieu le culte, le respect, la soûmission, & l'obeïssance, tout comme le reste des creatures intelligentes. La qualité de Souverain ne le dispense pas de celle d'esclave. Qu'il sçache qu'il a un Maître infiniment élevé au dessus de luy, dont il n'est que le Lieutenant & le Ministre. Qu'il reconnoisse que c'est de la main bienfaisante de ce Souverain Maître des Rois, qu'il tient tout ce qu'il a de Majesté, de Grandeur, d'Autorité, & de

Puissance. Qu'il s'accoûtume à rapporter à ce premier principe tous ces glorieux avantages. Qu'il se dise à luy-même; il faut que Dieu soit quelque chose de bien grand, puisqu'il communique tant de grandeur a un homme mortel fait comme les autres. Qu'il tâche d'exprimer en sa personne les perfections de cét Etre infiniment parfait;

ne se contentent pas de le representer sur la terre, par le caractere de sa condition, mais encore par son équité, par sa douceur, par sa clémence, & par bien d'autres endroits. Dieu seul est un modele digne d'un Prince.

IX.

Ne vous arrestez pas là, achevez le portrait que vous devez incessament luy mettre devant les yeux. Qu'il comprenne que le hazard, la fortune, & le destin, ne sont que des termes inventez pour flater l'ignorance, & la malice des hommes, ou plûtôt, que ce qu'on appelle, destin, fortune, hazard, n'est autre chose que la Providence de Dieu, qui agissant par des voyes secretes & impénétrables à la raison humaine, nous paroîc agir sans raison & par caprice. Faites luy donc sentir que c'est ce grand Dieu, qui seul préside Souverainement à la fortune des Empires, qui fait leur bonne ou mauvaise destinée, & qui selon son bon plaisir les rend florissans, ou les précipite à leur ruine. Que c'est par luy que les Souverains regnent, qu'il affermit leur Trône, qu'il soûtient leur Couronne, que tout chancelle dés qu'il retire sa main, &c. Qu'il est le Juge des Rois & de leur conduite, qu'il leur demandera compte de l'usage qu'ils auront fait de l'autorité Souveraine, dont il les a revêtus, & que la Pourpre ne sçauroit les mettre à couvert de la rigueur de ses jugemens.

X.

Ces grandes véritez ne doivent pas se proposer d'une maniére abstraite & purement métaphisique : il faut sçavoir leur donner du corps, & les rendre sensibles. Pour y réüssir, la premiere chose que vous ferez, sera de les bien pénétrer, & de vous en convaincre vous-même, de telle façon, que toutes les fois que le Prince vous entendra difcourir fur cette matiére, il juge dabort que vôtre cœur parle, & que la morale que vous luy débitez, eft une morale que le Chriftianifme vous infpire, & non la Philofophie Payenne. En fecond lieu. Dans la retraite & dans la méditation, étudiez-vous à les concevoir fous des images

images vives & éclatantes, qui imposent en quelque maniere à l'esprit du Prince, & captivent son imagination malgré la repugnance de ses sens. Troisiémement. Servez-vous dans l'entretien d'expressions nobles & élevées, toûjours soûtenuës d'un certain air animé, qui frape quelquefois d'avantage, que tout ce que l'on sçauroit dire.

S

En quatriéme lieu. Que chaque vérité soit appuyée sur quelque exemple, que vous tirerez des évenemens de la vie: l'établissement, le progrés, & la décadence des Monarchies, vous en fourniront suffisament; pourvû qu'en lisant l'Histoire vous sçachiez réflechir, & entrer dans les véritables causes de ses grands effets.

XI.

Ces véritez ainsi proposées auront tout l'effet que vous souhaittez, c'est-à-dire, produiront dans le cœur du Prince les sentimens qu'il doit avoir à l'égard de Dieu. Car en étant une fois convaincu, il se conservera dans la soûmission & la dépendance. La grandeur, qui l'environne ne l'empêchera pas de sentir intérieurement sa propre bassesse, & tandis qu'il s'entendra nommer, le Maître du monde, le Dieu de la terre, &c. Il fera un aveu sincére de son neant : ainsi il sera humble jusques sur le Trône, & fera voir que l'humilité chrétienne n'est pas incompatible avec la Souveraineté. On luy verra donner par tout des marques d'une pieté solide : l'Athéisme sera bani de sa cour. Les plus impies seront obligez d'avoüer qu'il y a un Dieu, par la posture respectueuse qu'ils verront tenir à leur Prince dans les lieux saints. Il se piquera de faire regner Dieu dans ses états, & dans le cœur de ses sujets. Il soûtiendra avec autant de force les loix du Christianisme que celles de son Royaume.

La Religion qu'il a reçûë de ses Encestres luy sera plus chere que sa Couronne. C'est sur sa Religion qu'il formera tout le plan de sa politique, faisant servir la politique à l'agrandissement de la Religion, & jamais la Religion aux desseins de la politique. Qu'il donne la paix, qu'il fasse la guerre, il se souviendra qu'il est Prince Chrétien, &

que la qualité de Chrétien, doit toûjours l'emporter sur celle de Prince & de Conquérant.

XII.

En même-temps que vous inspirerez au Prince, les sentimens qu'il doit avoir à l'égard de Dieu, je veux que vous luy inspiriez ceux qu'il se doit à luy-même, & qu'il ne peut se refuser sans injustice. Vous ne viendrez jamais à bout d'un point si difficile, sans luy avoir donné auparavant une vraye connoissance de luy-même. Commencez dõc par la, & n'oubliez rien pour faire en sorte que le Prince se connoisse. Il y aura des obstacles à surmonter, comme tous ceux qui l'approchent ne cherchent qu'à luy plaire, ils luy font des peintures si belles & si flateuses,

flateuſes, de ce qu'il eſt ou plûtôt de ce qu'il n'eſt pas, qu'il s'imagine aiſément être tel, qu'il ſe voit répréſenté. Tout eſt grand, tout eſt héroïque en luy juſqu'à ſes foibleſſes. On métamorphoſe ſes défauts en vertus, & ſes inclinations quelque mauvaiſes qu'elles ſoient; ſont autant de glorieux panchans, qui ne ſe trouvent que dans les ames bien nées.

XIII.

J'avoüe que c'est une espéce de charme, dont la plufpart des Grands ne se défendent que tres-difficilement : Il faut pourtant mettre tout en œuvre pour en garentir le jeune Prince. Tandis que son âge vous permettra de ne luy rien déguiser, faites luy bien comprendre, que pour être au dessus des autres, il n'en est pas moins homme, qu'il a un esprit sujet à l'erreur, & qu'il n'est pas infaillible dans ses jugemens, qu'il a un cœur porté au mal, & que sa volonté, quoyque Souveraine, peut être quelquefois injuste. Que le vice quelque part qu'il soit, est toûjours vice, que s'il ne l'entend pas blamer en sa personne, il n'en est pas pour cela moins blamable. Que sa qualité ne sert qu'à rendre ses défauts plus visibles & plus éclatans, &c. Apprenez - luy à séparer l'homme d'avec le Souverain, & à ne confondre pas la grandeur de l'un avec la bassesse de l'autre. Accouftumez-le à se regarder luy seul dépoüillé, pour ainsi dire, de tout ce qui luy est étranger. Dans ce point de veuë, il se verra tel qu'il est, & non pas tel qu'on veut le faire. S'il a des foiblesses, il les remarquera, & se faisant justice à luy-même, il n'aura pas beaucoup de peine à se persuader, que les éloges pompeux qu'on luy donne, s'addressent bien moins à sa personne, qu'à son rang. Par ce moyen il démelera le vray d'avec le faux, il évitera l'entêtement & la préſomption, & ſe tiendra toûjours dans les juſtes bornes que la raiſon preſcrit.

XIV.

Outre cela, dites-luy de quel œil il doit conſiderer tous ces dehors de Grandeur qui l'environnent, cette foule de Courtiſans qui l'aſſiégent, ces ſoûmiſſions, ces reſpects, ces adorations qu'on luy rend, &c. Que par un sentiment de générosité digne d'un Héros, il se mette au dessus de toutes ces choses, & que par tout l'homme paroisse en luy plus grand que le Souverain, &c. Un Prince, qui n'est grand que par ces endroits, est un fort petit Prince. Sa personne ne doit pas luy être moins sacrée qu'elle l'est aux autres. Qu'il se regarde comme la plus parfaite copie de la Divinité, comme le dépositaire de la Majesté & de l'Autorité d'un Dieu, comme l'Oinct du Seigneur, ainsi que parle l'Ecriture; afin que dans cette vûë, il ait pour luy-même une espéce de vénération, & qu'il ne fasse jamais rien qui ne sente celuy dont il est l'image. Qu'il soit toûjours attentif à luy-même, qu'il mesure ses actions, ses paroles, ses mouvemens, persuadé qu'on l'observe, & qu'on ne l'épargne pas. C'est un assez pesant fardeau de la Royauté, que d'être exposé aux yeux de tout le monde, & de ne rien dire, ny rien faire, qui ne doive passer par le jugement & la censure d'une infinité de gens, dont l'esprit, l'humeur,

& l'inclination sont si differentes : mais le Prince doit en sçavoir tirer son avantage, car il faut que les yeux que tout le monde a sur sa personne, luy imposent l'heureuse necessité d'être irreprochable.

XV.

Il est naturel aux Princes de s'imaginer que tout le Genre humain est fait pour eux,

& qu'ils ne sont faits pour personne. Cependant si le Peuple est obligé de contribuer à la gloire & à la grandeur du Prince, le Prince doit de son côté employer tous ses soins pour procurer le repos & le bonheur du Peuple. C'est un devoir reciproque, & également indispensable. Vous trahiriez vôtre Ministere, si vous flatiez le jeune

Prince sur ce point, & ce seroit l'abuser, que de ne pas l'instruire de ses véritables obligations à cét égard. Representez-luy, qu'il est plus à son Peuple qu'à luy-même, que toutes ses pensées, tous ses desseins doivent tendre au bien de ses Sujets, que quelque amoureux qu'il soit de la gloire, il doit la sacrifier volontiers, quand il y va de leur interest,

UN PRINCE.

que ce n'est plus une véritable gloire, quand il faut, que pour y monter, des sujets malheureux servent de degré. Qu'un Prince ne doit rien tant avoir à cœur que de se faire aimer, que l'amour des Peuples est le plus agreable de tous les tributs. Qu'ô craigne un Souverain, ce n'est pas merveille, mais qu'on l'aime, la chose est assez rare. Qu'il doit se dépoüiller quelquefois de sa grandeur, pour se rendre plus aymable, qu'un grand Prince ne paroît jamais plus grand que quand il s'abbaisse; mais que de sçavoir s'abbaisser sans bassesse, est un secret que peu de gens sçavent, & qu'il est bon que le Prince n'ignore pas. Que son cœur soit plein de tendresse, & de compassion, que la dureté

& l'insensibilité n'en approchent jamais, que son visage soit le siége de la douceur aussi-bien que de la Majesté. Que la misere ne soit point une raison pour ne pouvoir pas l'aborder ; au contraire, que les malheureux trouvent auprés de luy un accés facile, & qu'ils n'en partent jamais, sans se croire moins malheureux.

XVI.

Un Prince ne doit jamais punir qu'à regret, mais il doit toûjours recompenser avec plaifir, condamner par nécefſité, & faire grace par inclination. Je veux bien qu'il ſe fie à peu de gens, mais je ne veux pas qu'il paroiſſe ſe défier de perſonne, qu'il ne ſe laiſſe pas prévenir aiſément, perſuadé que quicon-

quiconque juge par prévention, court grand risque de se tromper. Qu'il ne donne jamais entrée aux soupçons, s'ils ne sont bien fondez. Une grande Ame n'est jamais soupçonneuse. Que le mérite soit toûjours bien venu auprés de luy, & que la faveur suive de fort prés le mérite. Quelque maître qu'il soit de ses graces, qu'il ne les répande qu'avec mesure, & sans être bien sûr, ou il les place. Qu'il se donne bien de garde d'abandonner le gouvernement au gré de ses Ministres, qui étant pour l'ordinaire gens interessez, songent bien moins à l'utilité publique qu'à leur avantage particulier. Qu'il ait cette glorieuse ambition, de vouloir être le Maître, & de passer pour tel. Quand le Peuple est une fois prévenu, que le Prince gouverne, il porte sans murmurer & sans se plaindre le joug de la domination, &c. Je ne sçaurois assez recommander à celuyqui sera chargé de l'éducation du Prince, de luy rendre ces maximes les plus sensibles qu'il se pourra : mais aprés y avoir bien pensé, je trouve que le moyen le plus sûr &

le plus efficace, est d'en démontrer la nécessité & l'importance, par les faits de l'histoire bien ménagez, & appliquez à propos, selon la méthode que nous avons rapportée dans la premiere Partie de ce petit Ouvrage. Peut-être qu'un jour, si le temps nous le permet, nous en fairons nous même l'application, & nous réduirons tous les principaux faits de l'Histoire, soit sacrée ou prophane, aux plus importantes maximes de Religion, de Morale, & de Politique, dont un grand Prince doit avoir toujours l'esprit rempli, & le cœur pénétré.

Fin de la Seconde Partie.

Extrait du Privilege du Roy.

PAR Grace & Privilege de Sa Majesté, donné à Fontainebleau, en datte du 16 Octobre 1687. il est permis à PIERRE ESCLASSAN, Marchand Libraire à Paris, de faire imprimer, vendre & debiter par tout nostre Royaume, & lieux de nostre obeïssance, pendant le temps de huit années entieres & consecutives, un Livre intitulé, *L'Art d'Elever un Prince.* Et deffenses sont faites à toutes personnes de quelque condition qu'elles soient, de l'imprimer ou faire imprimer, vendre ny debiter, sans le consentement dudit Esclassan, à peine de trois mille livres d'amende, & autres peines portées plus au long par lesdites Lettres de Privilege.

Registré sur le Livre de la Communauté des Imprimeurs & Libraires de Paris, le 21. Novembre 1687. suivant l'Arrest du Parlement du 8 Avril 1653. & celuy du Conseil Privé du Roy, du 27. Février 1665.

J. B. COIGNARD, Syndic.

Achevé d'imprimer pour la premiere fois, le 29. Novembre 1687.

De l'Imprimerie de la Veuve
de CLAUDE THIBOUST.

www.ingramcontent.com/pod-product-compliance
Lightning Source LLC
Chambersburg PA
CBHW070640170426
43200CB00010B/2088